FEB 0 9 2021

T4-AEH-663

Parque Nacional
Badlands

Grace Hansen

Abdo
PARQUES NACIONALES
Kids

Abdo Kids Jumbo es una subdivisión de Abdo Kids
abdobooks.com

abdobooks.com

Published by Abdo Kids, a division of ABDO, P.O. Box 398166, Minneapolis, Minnesota 55439. Copyright © 2020 by Abdo Consulting Group, Inc. International copyrights reserved in all countries. No part of this book may be reproduced in any form without written permission from the publisher. Abdo Kids Jumbo™ is a trademark and logo of Abdo Kids.

052019
092019

Spanish Translator: Maria Puchol
Photo Credits: Alamy, iStock, Shutterstock, ©Sharon Mollerus p.19/CC-BY-2.0
Production Contributors: Teddy Borth, Jennie Forsberg, Grace Hansen
Design Contributors: Dorothy Toth, Laura Mitchell

Library of Congress Control Number: 2018968164
Publisher's Cataloging-in-Publication Data

Names: Hansen, Grace, author.
Title: Parque nacional Badlands/ by Grace Hansen.
Other title: Badlands national park. Spanish
Description: Minneapolis, Minnesota : Abdo Kids, 2020. | Series: Parques nacionales
Identifiers: ISBN 9781532187605 (lib.bdg.) | ISBN 9781532188589 (ebook)
Subjects: LCSH: Badlands National Park (S.D.)--Juvenile literature. | National parks and reserves--Juvenile literature. | Badlands National Monument (S.D.)--Juvenile literature. | Badlands--Juvenile literature. | National parks and reserves--United States--Juvenile literature. | Spanish language materials--Juvenile literature.
Classification: DDC 978.3--dc23

Contenido

Parque Nacional Badlands 4

Clima 6

Naturaleza y
sus características 8

Actividades divertidas 22

Glosario 23

Índice 24

Código Abdo Kids 24

Parque Nacional Badlands

El Parque Nacional Badlands está en Dakota del Sur. Se convirtió en monumento nacional en 1939, pero hasta 1978 no se nombró parque nacional.

Clima

El parque tiene un **clima** extremo. Puede hacer mucho calor o mucho frío. Se puede inundar con la lluvia. La **sequía** puede provocar incendios.

Naturaleza y sus características

Los animales del parque son fuertes. Se han **adaptado** a las condiciones de vida del parque.

Las serpientes gopher y las culebras constrictoras son **reptiles** que se encuentran con frecuencia en el parque. Hibernan durante los fríos y largos inviernos. Incluso a veces comparten las madrigueras.

11

Grandes bisontes recorren las verdes praderas. Pequeños perros de las praderas viven entre ellos. Sus casas subterráneas mantienen a estos roedores protegidos.

13

Las espigas son las plantas que más predominan en las praderas del parque. Pueden medir de uno a dos pies (0.3 -0.6 m) de alto.

Otras hierbas **nativas**, como la flor sombrero mexicano, también crece en el parque. Estas hierbas son una fuente importante de alimento para los animales.

El terreno cambia de ser prados a ser formaciones rocosas altas. Las rocas grandes y puntiagudas se llaman pináculos. Pueden verse grandes carneros incluso en las laderas más escarpadas.

La *Stronghold unit* dentro de la reserva india de Pine Ridge es parte del parque. Los dueños de esta tierra son los miembros de la **tribu Oglala Lakota**. Ellos la administran y la protegen.

Actividades divertidas

Montar en bicicleta por la carretera circular

Contemplar por la noche las más de 7,500 estrellas visibles y la Vía Láctea

Caminar por alguna de sus rutas

Ver los fósiles encontrados en el parque del laboratorio de paleontología

Glosario

adaptarse – cambiar o acostumbrase a circunstancias nuevas.

clima – el tiempo que hace habitualmente en un lugar.

nativo – que nace o crece en un lugar determinado.

paleontología – ciencia que estudia los organismos que han existido en el pasado a partir de sus restos fósiles.

reptil – animal de sangre fría con un esqueleto y escamas o láminas duras sobre la piel.

sequía – periodo largo sin o con poca lluvia.

tribu Oglala Lakota – grupo de nativos americanos de una de las siete subtribus del pueblo Lakota. Los Lakota viven en Dakota del Norte y del Sur.

Índice

animales 8, 10, 12, 16, 18

clima 6, 10

creado 4

Dakota del Sur 4

pináculos 18

plantas 14, 16

pradera 12, 14, 16

prado 18

reserva india Pine Ridge 20

Stronghold unit 20

tribu Oglala Lakota 20

¡Visita nuestra página **abdokids.com** y usa este código para tener acceso a juegos, manualidades, videos y mucho más!